Jules Verne

Les Révoltés de la "Bounty"

Copyright © 2022 by Culturea
Édition : Culturea 34980 (Hérault)
Impression : BOD - In de Tarpen 42, Norderstedt (Allemagne)
ISBN : 9782382746769
Dépôt légal : Septembre 2022
Tous droits réservés pour tous pays

Les révoltés de la « Bounty »

CHAPITRE PREMIER
L'abandon

Pas le moindre souffle, pas une ride à la surface de la mer, pas un nuage au ciel. Les splendides constellations de l'hémisphère austral se dessinent avec une incomparable pureté. Les voiles de la *Bounty* pendent le long des mâts, le bâtiment est immobile, et la lumière de la lune, pâlissant devant l'aurore qui se lève, éclaire l'espace d'une lueur indéfinissable.

La *Bounty*, navire de deux cent quinze tonneaux monté par quarante-six hommes, avait quitté Spithead, le 23 décembre 1787, sous le commandement du capitaine Bligh, marin expérimenté mais un peu rude, qui avait accompagné le capitaine Cook dans son dernier voyage d'exploration.

La *Bounty* avait pour mission spéciale de transporter aux Antilles l'arbre à pain, qui pousse à profusion dans l'archipel de Taïti. Après une relâche de six mois dans la baie de Matavaï, William Bligh, ayant chargé un millier de ces arbres, avait pris la route des Indes Occidentales, après un assez court séjour aux îles des Amis.

Maintes fois, le caractère soupçonneux et emporté du capitaine avait amené des scènes désagréables entre quelques-uns de ses officiers et lui. Cependant, la tranquillité qui régnait à bord de la *Bounty*, au lever du soleil, le 28 avril 1789, ne faisait rien présager des graves évènements qui allaient se produire.

Tout semblait calme, en effet, lorsque tout à coup une animation insolite se propage sur le bâtiment. Quelques matelots s'accostent, échangent deux ou trois paroles à voix basse, puis disparaissent à petits pas.

Est-ce le quart du matin qu'on relève ? Quelque accident inopiné s'est-il produit à bord ?

« Pas de bruit surtout, mes amis, dit Fletcher Christian, le second de la *Bounty*. Bob, armez votre pistolet, mais ne tirez pas sans mon ordre. Vous, Churchill, prenez votre hache et faites sauter la serrure de la cabine du capitaine. Une dernière recommandation : Il me le faut vivant ! »

Suivi d'une dizaine de matelots armés de sabres, de coutelas et de pistolets, Christian se glissa dans l'entrepont ; puis, après avoir placé deux sentinelles devant la cabine de Stewart et de Peter Heywood, le maître d'équipage et le midshipman de la *Bounty*, il s'arrêta devant la porte du capitaine.

« Allons, garçons, dit-il, un bon coup d'épaule ! »

La porte céda sous une pression vigoureuse, et les matelots se précipitèrent dans la cabine.

Surpris d'abord par l'obscurité, et réfléchissant peut-être à la gravité de leurs actes, ils eurent un moment d'hésitation.

« Holà ! qu'y a-t-il ? Qui donc ose se permettre ?... » s'écria le capitaine en sautant à bas de son cadre.

– Silence, Bligh ! répondit Churchill. Silence, et n'essaye pas de résister, ou je te bâillonne !

– Inutile de t'habiller, ajouta Bob. Tu feras toujours assez bonne figure, lorsque tu seras pendu à la vergue d'artimon !

– Attachez-lui les mains derrière le dos, Churchill, dit Christian, et hissez-le sur le pont !

– Le plus terrible des capitaines n'est pas bien redoutable, quand on sait s'y prendre, fit observer John Smith, le philosophe de la bande.

Puis le cortège, sans s'inquiéter de réveiller ou non les matelots du dernier quart, encore endormis, remonta l'escalier et reparut sur le pont.

C'était une révolte en règle. Seul de tous les officiers du bord, Young, un des midshipmen, avait fait cause commune avec les révoltés.

Quant aux hommes de l'équipage, les hésitants avaient dû céder pour l'instant, tandis que les autres, sans armes, sans chef, restaient spectateurs du drame qui allait s'accomplir sous leurs yeux.

Tous étaient sur le pont, rangés en silence ; ils observaient la contenance de leur capitaine, qui, demi-nu, s'avançait la tête haute au milieu de ces hommes habitués à trembler devant lui.

« Bligh, dit Christian, d'une voix rude, vous êtes démonté de votre commandement.

– Je ne vous reconnais pas le droit... répondit le capitaine.

– Ne perdons pas de temps en protestations inutiles, s'écria Christian, qui interrompit Bligh. Je suis, en ce moment, l'interprète de tout l'équipage de la *Bounty*. Nous n'avions pas encore quitté l'Angleterre que nous avions déjà à nous plaindre de vos soupçons injurieux, de vos procédés brutaux. Lorsque je dis nous, j'entends les officiers aussi bien que les matelots. Non seulement nous n'avons jamais pu obtenir la satisfaction qui nous était due, mais vous avez toujours rejeté nos plaintes avec mépris ! Sommes-nous donc des chiens, pour être injuriés à tout moment ? Canailles, brigands, menteurs, voleurs ! vous n'aviez pas d'expression assez forte, d'injure assez grossière pour nous ! En vérité, il faudrait ne pas être un homme pour supporter pareille existence ! Et moi, moi votre compatriote, moi qui connais votre famille, moi qui ai déjà fait deux voyages sous vos ordres, m'avez-vous épargné ? Ne m'avez-vous pas accusé, hier encore, de vous avoir volé quelques misérables fruits ? Et les hommes ! Pour un rien, aux fers ! Pour une bagatelle, vingt-quatre coups de corde ! Eh bien, tout se paye en ce monde ! Vous avez été trop libéral avec nous, Bligh ! À notre tour ! Vos injures, vos injustices, vos accusations insensées, les tortures morales et physiques dont vous avez accablé votre équipage depuis un an et demi, vous allez les expier, et les expier durement ! Capitaine, vous avez été jugé par ceux que vous avez offensés, et vous êtes condamné. – Est-ce bien cela, camarades ?

– Oui, oui, à mort ! s'écrièrent la plupart des matelots, en menaçant leur capitaine.

– Capitaine Bligh, reprit Christian, quelques-uns avaient parlé de vous hisser au bout d'une corde entre le ciel et l'eau. D'autres proposaient de vous déchirer les épaules avec le chat à neuf queues, jusqu'à ce que mort s'ensuivît. Ils manquaient d'imagination. J'ai trouvé mieux que cela. D'ailleurs, vous n'êtes pas seul coupable ici. Ceux qui ont toujours fidèlement exécuté vos ordres, si cruels qu'ils fussent, seraient au désespoir de passer sous mon commandement. Ils ont mérité de vous accompagner là où le vent vous poussera. – Qu'on amène la chaloupe ! »

Un murmure désapprobateur accueillit ces dernières paroles de Christian, qui ne parut pas s'en inquiéter. Le capitaine Bligh, que ces menaces ne parvenaient pas à troubler, profita d'un instant de silence pour prendre la parole.

« Officiers et matelots, dit-il d'une voix ferme, en ma qualité d'officier de la marine royale, commandant la *Bounty*, je proteste contre le traitement que vous voulez me faire subir. Si vous avez à vous plaindre de la façon dont j'ai exercé mon commandement, vous pouvez me faire juger par une cour martiale. Mais vous n'avez pas réfléchi, sans doute, à la gravité de l'acte que vous allez commettre. Porter la main sur votre capitaine, c'est vous mettre en révolte contre les lois existantes, c'est rendre pour vous tout retour impossible dans votre patrie, c'est vouloir être traités comme des forbans ! Tôt ou tard, c'est la mort ignominieuse, la mort des traîtres et des rebelles ! Au nom de l'honneur et de l'obéissance que vous m'avez jurés, je vous somme de rentrer dans le devoir !

– Nous savons parfaitement à quoi nous nous exposons, répondit Churchill.

– Assez ! Assez ! cria l'équipage, prêt à se porter à des voies de fait.

– Eh bien, dit Bligh, s'il vous faut une victime, que ce soit moi, mais moi seul ! Ceux de mes compagnons que vous condamnez comme moi, n'ont fait qu'exécuter mes ordres ! »

La voix du capitaine fut alors couverte par un concert de vociférations, et il dut renoncer à toucher ces cœurs devenus impitoyables.

Pendant ce temps, les dispositions avaient été prises pour que les ordres de Christian fussent exécutés.

Cependant, un assez vif débat s'était élevé entre le second et plusieurs des révoltés qui voulaient abandonner sur les flots le capitaine Bligh et ses compagnons sans leur donner une arme, sans leur laisser une once de pain.

Quelques-uns, – et c'était l'avis de Churchill, – trouvaient que le nombre de ceux qui devaient quitter le navire n'était pas assez considérable. Il fallait se défaire, disait-il, de tous les hommes qui, n'ayant pas trempé directement dans le complot, n'étaient pas sûrs. On ne pouvait compter sur ceux qui se contentaient d'accepter les faits accomplis. Quant à lui, son dos lui faisait encore mal des coups de fouet qu'il avait reçus pour avoir déserté à Taïti. Le meilleur, le plus rapide moyen de le guérir, ce serait de lui livrer d'abord le commandant !... Il saurait bien se venger, et de sa propre main !

« Hayward ! Hallett ! cria Christian, en s'adressant à deux des officiers, sans tenir compte des observations de Churchill, descendez dans la chaloupe.

– Que vous ai-je fait, Christian, pour que vous me traitiez ainsi ? dit Hayward. C'est à la mort que vous m'envoyez !

– Les récriminations sont inutiles ! Obéissez, ou sinon !... Fryer, embarquez aussi ! »

Mais ces officiers, au lieu de se diriger vers la chaloupe, se rapprochèrent du capitaine Bligh, et Fryer, qui semblait le plus déterminé, se pencha vers lui en disant :

« Commandant, voulez-vous essayer de reprendre le bâtiment ? Nous n'avons pas d'armes, il est vrai ; mais ces mutins, surpris, ne pourront résister. Si quelques-uns d'entre nous sont tués, qu'importe ! On peut tenter la partie ! Que vous en semble ? »

Déjà les officiers prenaient leurs dispositions pour se jeter sur les révoltés, occupés à dépasser la chaloupe de ses porte-manteaux, lorsque Churchill, à qui cet entretien, si rapide qu'il fût, n'avait pas échappé, les entoura avec quelques hommes bien armés, et les fit embarquer de force.

« Millward, Muspratt, Birket, et vous autres, dit Christian en s'adressant à quelques-uns des matelots qui n'avaient point pris part à la révolte, descendez dans l'entrepont, et choisissez ce que vous avez de plus précieux ! Vous accompagnez le capitaine Bligh. Toi, Morrison, surveille-moi ces gaillards-là ! Purcell, prenez votre coffre de charpentier, je vous permets de l'emporter. »

Deux mâts avec leurs voiles, quelques clous, une scie, une demi-pièce de toile à voile, quatre petites pièces contenant cent vingt-cinq litres d'eau, cent cinquante livres de biscuit, trente-deux livres de porc salé, six bouteilles de vin, six bouteilles de rhum, la cave à liqueur du capitaine, voilà tout ce que les abandonnés eurent permission d'emporter. On leur jeta, en outre, deux ou trois vieux sabres, mais on leur refusa toute espèce d'armes à feu.

« Où sont donc Heywood et Stewart ? dit Bligh, quand il fut dans la chaloupe. Eux aussi m'ont-ils trahi ? »

Ils ne l'avaient pas trahi, mais Christian avait résolu de les garder à bord.

Le capitaine eut alors un moment de découragement et de faiblesse bien pardonnable, qui ne dura pas.

« Christian, dit-il, je vous donne ma parole d'honneur d'oublier tout ce qui vient de se passer, si vous renoncez à votre abominable projet ! Je vous en supplie, pensez à ma femme et à ma famille ! Moi mort, que deviendront tous les miens !

– Si vous aviez eu quelque honneur, répondit Christian, les choses n'en seraient point arrivées à ce point. Si vous-même aviez pensé un peu plus souvent à votre femme, à votre famille, aux femmes et aux familles des autres, vous n'auriez pas été si dur, si injuste envers nous tous ! »

À son tour, le bosseman, au moment d'embarquer, essaya d'attendrir Christian. Ce fut en vain.

« Il y a trop longtemps que je souffre, répondit ce dernier avec amertume. Vous ne savez pas quelles ont été mes tortures ! Non ! cela ne pouvait durer un jour de plus, et, d'ailleurs, vous n'ignorez pas que, durant tout le voyage, moi, le second de ce navire, j'ai été traité comme un chien ! Cependant, en me séparant du capitaine Bligh, que je ne reverrai probablement jamais, je veux bien, par pitié, ne pas lui enlever tout espoir de salut. – Smith ! descendez dans la cabine du capitaine, et reportez-lui ses vêtements, sa commission, son journal et son portefeuille. De plus, qu'on lui remette mes Tables nautiques et mon propre sextant. Il aura ainsi quelque chance de pouvoir sauver ses compagnons et se tirer d'affaire lui-même ! »

Les ordres de Christian furent exécutés, non sans quelque protestation.

« Et maintenant, Morrison, largue l'amarre, cria le second devenu le premier, et à la grâce de Dieu ! »

Tandis que les révoltés saluaient d'acclamations ironiques le capitaine Bligh et ses malheureux compagnons, Christian, appuyé contre le bastingage, ne pouvait détacher les yeux de la chaloupe qui s'éloignait. Ce brave officier, dont la conduite, jusqu'alors loyale et franche, avait mérité les éloges de tous les commandants sous lesquels il avait servi, n'était plus aujourd'hui que le chef d'une bande de forbans. Il ne lui serait plus permis de revoir ni sa vieille mère, ni sa fiancée, ni les rivages de l'île de Man, sa patrie. Il se sentait déchu dans sa propre estime, déshonoré aux yeux de tous ! Le châtiment suivait déjà la faute !

CHAPITRE II
Les abandonnés

Avec ses dix-huit passagers, officiers et matelots, et le peu de provisions qu'elle contenait, la chaloupe qui portait Bligh était tellement chargée, qu'elle dépassait à peine de quinze pouces le niveau de la mer. Longue de vingt et un pieds, large de six, elle pouvait être parfaitement appropriée au service de la *Bounty* ; mais, pour contenir un équipage aussi nombreux, pour faire un voyage un peu long, il était difficile de trouver embarcation plus détestable.

Les matelots, confiants dans l'énergie et l'habileté du capitaine Bligh et des officiers confondus dans le même sort, nageaient vigoureusement, et la chaloupe fendait rapidement les lames.

Bligh n'avait pas hésité sur le parti à prendre. Il fallait, tout d'abord, regagner au plus tôt l'île Tofoa, la plus voisine du groupe des îles des Amis, qu'ils avaient quittée quelques jours avant, il fallait y recueillir des fruits de l'arbre à pain, renouveler l'approvisionnement d'eau, et, de là, courir sur Tonga-Tabou. On pourrait sans doute y prendre des vivres en assez grande quantité pour faire la traversée jusqu'aux établissements hollandais de Timor, si, par crainte des indigènes, l'on ne voulait pas s'arrêter dans les innombrables archipels semés sur la route.

La première journée se passa sans incident, et la nuit tombait, lorsqu'on découvrit les côtes de Tofoa. Par malheur, le rivage était si rocheux, la plage si accore, qu'on ne pouvait y débarquer de nuit. Il fallut donc attendre le jour.

Bligh, à moins de nécessité absolue, entendait ne pas toucher aux provisions de la chaloupe. Il fallait donc que l'île nourrît ses hommes et lui. Cela semblait devoir être difficile, car, tout d'abord, lorsqu'ils furent à terre, ils ne rencontrèrent pas trace d'habitants. Quelques-uns, cependant, ne tardèrent pas à se montrer, et, ayant été bien reçus, ils en amenèrent d'autres, qui apportèrent un peu d'eau et quelques noix de coco.

L'embarras de Bligh était grand. Que dire à ces naturels qui avaient déjà trafiqué avec la *Bounty* pendant sa dernière relâche ? À tout prix, il importait de leur cacher la vérité, afin de ne pas détruire le prestige dont les étrangers avaient été entourés jusqu'alors dans ces îles.

Dire qu'ils étaient envoyés aux provisions par le bâtiment resté au large ? Impossible, puisque la *Bounty* n'était pas visible, même du haut des collines ! Dire que le navire avait fait naufrage, et que les indigènes voyaient en eux les seuls survivants des naufragés ? c'était encore la fable la plus vraisemblable. Peut-être les toucherait-elle, les amènerait-elle à compléter les provisions de la chaloupe. Bligh s'arrêta donc à ce dernier parti, si dangereux qu'il fût, et il prévint ses hommes, afin que tout le monde fût d'accord sur cette fable.

En entendant ce récit, les naturels ne firent paraître ni marque de joie ni signes de chagrin. Leur visage n'exprima qu'un profond étonnement, et il fut impossible de connaître ce qu'ils pensaient.

Le 2 mai, le nombre des indigènes venus des autres parties de l'île s'accrut d'une façon inquiétante, et Bligh put bientôt juger qu'ils avaient des intentions hostiles. Quelques-uns essayèrent même de haler l'embarcation sur le rivage, et ne se retirèrent que devant les démonstrations énergiques du capitaine, qui dut les menacer de son coutelas. Pendant ce temps, quelques-uns de ses hommes, que Bligh avait envoyés à la recherche, rapportaient trois gallons d'eau.

Le moment était venu de quitter cette île inhospitalière. Au coucher du soleil, tout était prêt, mais il n'était pas facile de gagner la chaloupe. Le rivage était bordé d'une foule d'indigènes qui choquaient des pierres l'une contre l'autre, prêts à les lancer. Il fallait donc que la chaloupe se tînt à quelques toises du rivage et n'accostât qu'au moment même où les hommes seraient tout à fait prêts à embarquer.

Les Anglais, véritablement très inquiets des dispositions hostiles des naturels, redescendirent la grève, au milieu de deux cents indigènes, qui n'attendaient qu'un signal pour se jeter sur eux. Cependant, tous venaient d'entrer heureusement dans l'embarcation, lorsque l'un des matelots, nommé Bancroft, eut la funeste idée de revenir sur la plage pour chercher quelque objet qu'il y avait oublié. En une seconde, cet imprudent fut entouré par les naturels et assommé à coups de pierre, sans que ses compagnons, qui ne possédaient pas une arme à feu, pussent le secourir. D'ailleurs, eux-mêmes, à cet instant, étaient attaqués, des pierres pleuvaient sur eux.

« Allons, garçons, cria Bligh, vite aux avirons, et souquez ferme ! »

Les naturels entrèrent alors dans la mer et firent pleuvoir sur l'embarcation une nouvelle grêle de cailloux. Plusieurs hommes furent blessés. Mais Hayward, ramassant une des pierres qui étaient tombées dans la chaloupe, visa l'un des assaillants et l'atteignit entre les deux yeux. L'indigène tomba à la renverse en poussant un grand cri auquel répondirent les hourras des Anglais. Leur infortuné camarade était vengé.

Cependant, plusieurs pirogues se détachaient du rivage et leur donnaient la chasse. Cette poursuite ne pouvait se terminer que par un combat, dont l'issue n'aurait pas été heureuse, lorsque le maître d'équipage eut une lumineuse idée. Sans se douter qu'il imitait Hippomène dans sa lutte avec Atalante, il se dépouilla de sa vareuse et la jeta à la mer. Les naturels, lâchant la proie pour l'ombre, s'attardèrent afin de la ramasser, et cet expédient permit à la chaloupe de doubler la pointe de la baie.

Sur ces entrefaites, la nuit était entièrement venue, et les indigènes, découragés, abandonnèrent la poursuite de la chaloupe.

Cette première tentative de débarquement était trop malheureuse pour être renouvelée ; tel fut du moins l'avis du capitaine Bligh.

« C'est maintenant qu'il faut prendre une résolution, dit-il. La scène qui vient de se passer à Tofoa se renouvellera, j'en suis certain, à Tonga-Tabou, et partout où nous voudrons accoster. En petit nombre, sans armes à feu, nous serons absolument à la merci des indigènes. Privés d'objets d'échange, nous ne pouvons acheter de vivres, et il nous est impossible de nous les procurer de vive force. Nous sommes donc réduits à nos seules ressources. Or, vous savez comme moi, mes amis, combien elles sont misérables ! Mais ne vaut-il pas mieux s'en contenter que de risquer, à chaque atterrissage, la vie de plusieurs d'entre nous ? Cependant, je ne veux en rien vous dissimuler l'horreur de notre situation. Pour atteindre Timor, nous avons à peu près douze cents lieues à franchir, et il faudra vous contenter d'une once de biscuit par jour et d'un quart de pinte d'eau ! Le salut est à ce prix seulement, et encore, à la condition que je trouverai en vous la plus complète obéissance. Répondez-moi sans arrière-pensée ! Consentez-vous à tenter l'entreprise ? Jurez-vous d'obéir à mes ordres quels qu'ils soient ? Promettez-vous de vous soumettre sans murmure à ces privations ?

– Oui, oui, nous le jurons ! s'écrièrent d'une commune voix les compagnons de Bligh.

– Mes amis, reprit le capitaine, il faut aussi oublier nos torts réciproques, nos antipathies et nos haines, sacrifier en un mot nos rancunes personnelles à l'intérêt de tous, qui doit seul nous guider !

– Nous le promettons.

– Si vous tenez votre parole, ajouta Bligh, et, au besoin, je saurai vous y forcer, je réponds du salut. »

La route fut faite alors vers l'O.-N.-O. Le vent, qui était assez fort, souffla en tempête dans la soirée du 4 mai. Les lames devinrent si grosses, que l'embarcation disparaissait entre elles, et semblait ne pouvoir se relever. Le danger augmentait à chaque instant. Trempés et glacés, les malheureux n'eurent pour se réconforter, ce jour-là, qu'une tasse à thé de rhum et le quart d'un fruit à pain à moitié pourri.

Le lendemain et les jours suivants, la situation ne changea pas. L'embarcation passa au milieu d'îles ni nombrables, d'où quelques pirogues se détachèrent.

Était-ce pour lui donner la chasse, était-ce pour faire quelques échanges ? Dans le doute, il aurait été imprudent de s'arrêter. Aussi, la chaloupe, les voiles gonflées par un bon vent, les eut bientôt laissées loin derrière elle.

Le 9 mai, un orage épouvantable éclata. Le tonnerre, les éclairs se succédaient sans interruption. La pluie tombait avec une force dont les plus violents orages de nos climats ne peuvent donner une idée. Il était impossible de faire sécher les vêtements. Bligh, alors, eut l'idée de les tremper dans l'eau de mer et de les imprégner de sel, afin de ramener à la peau un peu de la chaleur enlevée par la pluie. Toutefois, ces pluies torrentielles, qui causèrent tant de souffrances au capitaine et à ses compagnons, leur épargnèrent d'autres tortures encore plus horribles, les tortures de la soif, qu'une insoutenable chaleur eut bientôt provoquées.

Le 17 mai, au matin, à la suite d'un orage terrible, les plaintes devinrent unanimes :

« Jamais nous n'aurons la force d'atteindre la Nouvelle-Hollande, s'écrièrent les malheureux. Transpercés par la pluie, épuisés de fatigue, n'aurons-nous jamais un moment de repos ! À demi-morts de faim, n'augmenterez-vous pas nos rations, capitaine ? Peu importe que nos vivres s'épuisent ! Nous trouverons facilement à les remplacer en arrivant à la Nouvelle-Hollande !

– Je refuse, répondit Bligh. Ce serait agir comme des fous. Comment ! nous n'avons franchi que la moitié de la distance qui nous sépare de l'Australie, et vous êtes déjà découragés ! Croyez-vous, d'ailleurs, pouvoir trouver facilement des vivres sur la côte de la Nouvelle-Hollande ? Vous ne connaissez donc pas le pays et ses habitants ! »

Et Bligh se mit peindre à grands traits la nature du sol, les mœurs des indigènes, le peu de fonds qu'il fallait faire sur leur accueil, toutes choses que son voyage avec le capitaine Cook lui avait appris à connaître. Pour cette fois encore, ses infortunés compagnons l'écoutèrent et se turent.

Les quinze jours suivants furent égayés par un clair soleil, qui permit de sécher les vêtements. Le 27, furent franchis les brisants qui bordent la côte orientale de la Nouvelle-Hollande. La mer était calme derrière cette ceinture madréporique, et quelques groupes d'îles, à la végétation exotique, réjouissaient les regards.

On débarqua en ne s'avançant qu'avec précaution. On ne trouva d'autres traces du séjour des naturels que d'anciennes places à feu. Il était donc possible de passer une bonne nuit à terre.

Mais, il fallait manger. Par bonheur, un des matelots découvrit un banc d'huîtres. Ce fut un véritable régal.

Le lendemain, Bligh trouva dans la chaloupe un verre grossissant, un briquet et du soufre. Il fut donc à même de se procurer du feu pour faire cuire le gibier ou le poisson.

Bligh eut alors la pensée de diviser son équipage en trois escouades : l'une devait tout mettre en ordre dans l'embarcation ; les deux autres, aller à la recherche des vivres. Mais plusieurs hommes se plaignirent avec amertume, déclarant qu'ils aimaient mieux se passer de dîner que de s'aventurer dans le pays.

L'un d'eux, plus violent ou plus énervé que ses camarades, alla même jusqu'à dire au capitaine :

« Un homme en vaut un autre, et je ne vois pas pourquoi vous resteriez toujours à vous reposer ! Si vous avez faim, allez chercher de quoi manger ! Pour ce que vous faites ici, je vous remplacerai bien ! »

Bligh, comprenant que cet esprit de mutinerie devait être enrayé sur-le-champ, saisit un coutelas, et, en jetant un autre aux pieds du rebelle, il lui cria :

« Défends-toi, ou je te tue comme un chien ! »

Cette attitude énergique fit aussitôt rentrer le mutin en lui-même, et le mécontentement général se calma.

Pendant cette relâche, l'équipage de la chaloupe récolta abondamment des huîtres, des peignes et de l'eau douce.

Un peu plus loin, dans le détroit de l'Endeavour, de deux détachements envoyés à la chasse des tortues et des noddis, le premier revint les mains vides ; le second rapporta six noddis, mais il en aurait pris bien davantage sans l'obstination de l'un des chasseurs, qui, s'étant écarté de ses camarades, effraya ces oiseaux. Cet homme avoua, plus tard, qu'il s'était emparé de neuf de ces volatiles et qu'il les avait mangés crus sur place.

Sans les vivres et l'eau douce qu'il venait de trouver sur la côte de la Nouvelle-Hollande, il est bien certain que Bligh et ses compagnons auraient péri. D'ailleurs, tous étaient dans un état lamentable, hâves, défaits, épuisés, – de véritables cadavres.

Le voyage en pleine mer, pour gagner Timor, ne fut que la douloureuse répétition des souffrances déjà endurées par ces malheureux avant d'atteindre les côtes de la Nouvelle-Hollande. Seulement, la force de résistance avait diminué chez tous, sans exception. Au bout de quelques jours, leurs jambes étaient enflées. Dans cet état de faiblesse extrême, ils étaient accablés par une envie de dormir presque continuelle. C'étaient les signes avant-coureurs d'une fin qui ne pouvait tarder beaucoup. Aussi Bligh, qui s'en aperçut, distribua une double ration aux plus affaiblis et s'efforça de leur rendre un peu d'espoir.

Enfin, le 12 juin au matin, la côte de Timor apparut, après trois mille six cent dix-huit lieues d'une traversée accomplie dans des conditions épouvantables.

L'accueil que les Anglais reçurent à Coupang fut des plus sympathiques. Ils y restèrent deux mois pour se refaire. Puis, Bligh, ayant acheté un petit shooner, gagna Batavia, où il s'embarqua pour l'Angleterre.

Ce fut le 14 mars 1790 que les abandonnés débarquèrent à Portsmouth. Le récit des tortures qu'ils avaient endurées excita la sympathie universelle et l'indignation de tous les gens de cœur. Presque aussitôt, l'Amirauté procédait à l'armement de la frégate *la Pandore*, de vingt-quatre canons et de cent soixante hommes d'équipage, et l'envoyait à la poursuite des révoltés de la *Bounty*.

On va voir ce qu'ils étaient devenus.

CHAPITRE III
Les révoltés

Après que le capitaine Bligh eut été abandonné en pleine mer, la *Bounty* avait fait voile pour Taïti. Le jour même, elle atteignait Toubouaï. Le riant aspect de cette petite île, entourée d'une ceinture de roches madréporiques, invitait Christian à y descendre ; mais les démonstrations des habitants parurent trop menaçantes, et le débarquement ne fut pas effectué.

Ce fut le 6 juin 1789 que l'ancre tomba dans la rade de Matavaï. La surprise des Taïtiens fut extrême en reconnaissant la *Bounty*. Les révoltés retrouvèrent là les indigènes avec lesquels ils avaient été en rapport dans une précédente relâche, et ils leur racontèrent une fable, à laquelle ils eurent soin de mêler le nom du capitaine Cook, dont les Taïtiens avaient conservé le meilleur souvenir.

Le 29 juin, les révoltés repartirent pour Toubouaï et se mirent en quête de quelque île qui fût située en dehors de la route ordinaire des bâtiments, dont le sol fût assez fertile pour les nourrir, et sur laquelle ils pussent vivre en toute sécurité. Ils errèrent ainsi d'archipel en archipel, commettant toutes sortes de déprédations et d'excès, que l'autorité de Christian ne parvenait que bien rarement à prévenir.

Puis, attirés encore une fois par la fertilité de Taïti, par les mœurs douces et faciles de ses habitants, ils regagnèrent la baie de Matavaï. Là, les deux tiers de l'équipage descendirent aussitôt à terre. Mais, le soir même, la *Bounty* avait levé l'ancre et disparu, avant que les matelots débarqués eussent pu soupçonner l'intention de Christian de partir sans eux.

Livrés à eux-mêmes, ces hommes s'établirent sans trop de regrets dans différents districts de l'île. Le maître d'équipage Stewart et le midshipman Peter Heywood, les deux officiers que Christian avait exceptés de la condamnation prononcée contre Bligh, et avait emmenés malgré eux, restèrent à Matavaï auprès du roi Tippao, dont Stewart épousa bientôt la sœur. Morrison et Millward se rendirent auprès du

16

chef Péno, qui leur fit bon accueil. Quant aux autres matelots, ils s'enfoncèrent dans l'intérieur de l'île et ne tardèrent pas à épouser des Taïtiennes.

Churchill et un fou furieux nommé Thompson, après avoir commis toute sorte de crimes, en vinrent tous deux aux mains. Churchill fut tué dans cette lutte, et Thompson lapidé par les naturels. Ainsi périrent deux des révoltés qui avaient pris la plus grande part à la rébellion. Les autres surent, au contraire, par leur bonne conduite, se faire chérir des Taïtiens.

Cependant, Morrison et Millward voyaient toujours le châtiment suspendu sur leurs têtes et ne pouvaient vivre tranquilles dans cette île où ils auraient été facilement découverts. Ils conçurent donc le dessein de construire un schooner, sur lequel ils essayeraient de gagner Batavia, afin de se perdre au milieu du monde civilisé. Avec huit de leurs compagnons, sans autres outils que ceux du charpentier, ils parvinrent, non sans peine, à construire un petit bâtiment qu'ils appelèrent *la Résolution*, et ils l'amarrèrent dans une baie derrière une des pointes de Taïti, nommée la pointe Vénus. Mais l'impossibilité absolue où ils se trouvaient de se procurer des voiles les empêcha de prendre la mer.

Pendant ce temps, forts de leur innocence, Stewart cultivait un jardin, et Peter Heywood réunissait les matériaux d'un vocabulaire, qui fut, plus tard, d'un grand secours aux missionnaires anglais.

Cependant, dix-huit mois s'étaient écoulés lorsque, le 23 mars 1791, un vaisseau doubla la pointe Vénus et s'arrêta dans la baie Matavaï. C'était la *Pandore*, envoyée à la poursuite des révoltés par l'Amirauté anglaise.

Heywood et Stewart s'empressèrent de se rendre à bord, déclarèrent leurs noms et qualités, racontèrent qu'ils n'avaient pris aucune part à la révolte ; mais on ne les crut pas, et ils furent aussitôt mis aux fers, ainsi que tous leurs compagnons, sans que la moindre enquête eût été faite. Traités avec l'inhumanité la plus révoltante, chargés de chaînes, menacés d'être fusillés s'ils se servaient de la langue taïtienne pour converser entre eux, ils furent enfermés dans une cage de onze pieds de long, placée à l'extrémité du gaillard d'arrière, et qu'un amateur de mythologie décora du nom de « boîte de Pandore ».

Le 19 mai, la *Résolution*, qui avait été pourvue de voiles, et la *Pandore* reprirent la mer. Pendant trois mois, ces deux bâtiments croisèrent à travers l'archipel des Amis, où l'on supposait que Christian et le reste des révoltés avaient pu se réfugier. La *Résolution*, d'un faible tirant d'eau, rendit même de grands services pendant cette croisière ; mais elle disparut dans les parages de l'île Chatam, et, bien que la *Pandore* fût restée plusieurs jours en vue, jamais on n'en entendit parler, ni des cinq marins qui la montaient.

La *Pandore* avait repris la route d'Europe avec ses prisonniers, lorsque, dans le détroit de Torrès, elle donna contre un écueil de corail et sombra presque aussitôt avec trente et un de ses matelots et quatre des révoltés.

L'équipage et les prisonniers, qui avaient échappé au naufrage, gagnèrent alors un îlot sablonneux. Là, les officiers et les matelots purent s'abriter sous des tentes ; mais les rebelles, exposés aux ardeurs d'un soleil vertical, furent réduits, pour trouver un peu de soulagement, à s'enfoncer dans le sable jusqu'au cou.

Les naufragés restèrent sur cet îlot pendant quelques jours ; puis, tous gagnèrent Timor dans les chaloupes de la *Pandore*, et la surveillance si rigoureuse dont les mutins étaient l'objet ne fut pas un moment négligée, malgré la gravité des circonstances.

Arrivés en Angleterre au mois de juin 1792, les révoltés passèrent devant un conseil de guerre présidé par l'amiral Hood. Les débats durèrent six jours et se terminèrent par l'acquittement de quatre des accusés et la condamnation à mort des six autres, pour crime de désertion et enlèvement du bâtiment confié à leur garde. Quatre des condamnés furent pendus à bord d'un vaisseau de guerre ; les deux autres, Stewart et Peter Heywood, dont l'innocence avait enfin été reconnue, furent graciés.

Mais qu'était devenue la *Bounty* ? Avait-elle fait naufrage avec les derniers des révoltés ? Voilà ce qu'il était impossible de savoir.

En 1814, vingt-cinq ans après la scène par laquelle ce récit commence, deux navires de guerre anglais croisaient en Océanie sous le commandement du capitaine Staines. Ils se trouvaient, au sud de l'archipel Dangereux, en vue d'une île montagneuse et volcanique que Carteret avait découverte dans son voyage autour du monde, et à laquelle il avait donné le nom de Pitcairn. Ce n'était qu'un cône, presque sans rivage, qui s'élevait à pic au-dessus de la mer, et que tapissaient jusqu'à sa cime des forêts de palmiers et d'arbres à pain.

Jamais cette île n'avait été visitée ; elle se trouvait à douze cents milles de Taïti, par 25° 4' de latitude sud et 180° 8' de longitude ouest ; elle ne mesurait que quatre milles et demi à sa circonférence, et un mille et demi seulement à son grand axe, et l'on n'en savait que ce qu'en avait rapporté Carteret.

Le capitaine Staines résolut de la reconnaître et d'y chercher un endroit convenable pour débarquer.

En s'approchant de la côte, il fut surpris d'apercevoir des cases, des plantations, et, sur la plage, deux naturels qui, après avoir lancé une embarcation à la mer et traversé habilement le ressac, se dirigèrent vers son bâtiment. Mais son étonnement n'eut plus de bornes, lorsqu'il s'entendit interpeller, en excellent anglais, par cette phrase :

« Eh ! vous autres, allez-vous nous jeter une corde, que nous montions à bord ! »

À peine arrivés sur le pont, les deux robustes rameurs furent entourés par les matelots stupéfaits, qui les accablaient de questions auxquelles ils ne savaient que répondre. Conduits devant le commandant, ils furent interrogés régulièrement.

« Qui êtes-vous ?

– Je m'appelle Fletcher Christian, et mon camarade, Young. »

Ces noms ne disaient rien au capitaine Staines, qui était bien loin de penser aux survivants de la *Bounty*.

« Depuis quand êtes-vous ici ?

– Nous y sommes nés.

– Quel âge avez-vous ?

– J'ai vingt-cinq ans, répondit Christian, et Young dix-huit.

– Vos parents ont-ils été jetés sur cette île par quelque naufrage ? »

Christian fit alors au capitaine Staines l'émouvante confession qui va suivre et dont voici les principaux traits :

En quittant Taïti, où il abandonnait vingt et un de ses camarades, Christian, qui avait à bord de la *Bounty* le récit de voyage du capitaine Carteret, s'était dirigé directement vers l'île Pitcairn, dont la position lui avait semblé convenir au but qu'il se proposait. Vingt-huit hommes composaient encore l'équipage de la *Bounty*. C'étaient Christian, l'aspirant Young et sept matelots, six Taïtiens pris à Taïti, dont trois avec leurs femmes et un enfant de dix mois, plus trois hommes et six femmes, indigènes de Roubouai. Le premier soin de Christian et de ses compagnons, dès qu'ils eurent atteint l'île Pitcairn, avait été de détruire la *Bounty*, afin de n'être pas découverts. Sans doute, ils s'étaient enlevé par là toute possibilité de quitter l'île, mais le soin de leur sécurité l'exigeait.

L'établissement de la petite colonie ne devait pas se faire sans difficultés, avec des gens qu'unissait seule la solidarité d'un crime. De sanglantes querelles avaient éclaté bientôt entre les Taïtiens et les Anglais. Aussi, en 1794, quatre des mutins survivaient-ils seulement. Christian était tombé sous le couteau de l'un des indigènes qu'il avait amenés. Tous les Taïtiens avaient été massacrés.

Un des Anglais, qui avait trouvé le moyen de fabriquer des spiritueux avec la racine d'une plante indigène, avait fini par s'abrutir dans l'ivresse, et, pris d'un accès de *delirium tremens*, s'était précipité du haut d'une falaise dans la mer.

Un autre, en proie à un accès de folie furieuse, s'était jeté sur Young et sur un des matelots, nommé John Adams, qui s'étaient vus forcés de le tuer. En 1800, Young était mort pendant une violente crise d'asthme.

John Adams fut alors le dernier survivant de l'équipage des révoltés.

Resté seul avec plusieurs femmes et vingt enfants, nés du mariage de ses camarades avec les Taïtiennes, le caractère de John Adams s'était modifié profondément. Il n'avait que trente-six ans alors ; mais, depuis bien des années, il avait assisté à tant de scènes de violence et de carnage, il avait vu la nature humaine sous de si tristes aspects, qu'après avoir fait un retour sur lui-même, il s'était tout à fait amendé.

Dans la bibliothèque de la *Bounty*, conservée sur l'île, se trouvaient une bible et plusieurs livres de prières. John Adams, qui les lisait fréquemment, se convertit, éleva dans d'excellents principes la jeune population qui le considérait comme un père, et devint, par la force des choses, le législateur, le grand-prêtre et, pour ainsi dire, le roi de Pitcairn.

Cependant, jusqu'en 1814, ses alarmes avaient été continuelles. En 1795, un bâtiment s'étant approché de Pitcairn, les quatre survivants de la *Bounty* s'étaient cachés dans des bois inaccessibles et n'avaient osé redescendre dans la baie qu'après le départ du navire. Même acte de prudence, lorsqu'en 1808, un capitaine américain débarqua sur l'île, où il s'empara d'un chronomètre et d'une boussole, qu'il fit parvenir à l'amirauté anglaise ; mais l'amirauté ne s'émut pas à la vue de ces reliques de la *Bounty*. Il est vrai qu'elle avait en Europe des préoccupations d'une bien autre gravité, à cette époque.

Tel fut le récit fait au commandant Staines par les deux naturels, Anglais par leurs pères, l'un fils de Christian, l'autre fils d'Young ; mais, lorsque Staines demanda à voir John Adams, celui-ci refusa de se rendre à bord, avant de savoir ce qu'il adviendrait de lui.

Le commandant, après avoir assuré aux deux jeunes gens que John Adams était couvert par la prescription, puisque vingt-cinq ans s'étaient écoulés depuis la révolte de *la Bounty*, descendit à terre, et il fut reçu à son débarquement par une population composée de quarante-six adultes et d'un grand nombre d'enfants. Tous étaient grands et vigoureux, avec le type anglais nettement accusé ; les jeunes filles surtout étaient admirablement belles, et leur modestie leur imprimait un caractère tout à fait séduisant.

Les lois mises en vigueur dans l'île étaient des plus simples. Sur un registre était noté ce que chacun avait gagné par son travail. La monnaie était inconnue ; toutes les transactions se faisaient au moyen de l'échange, mais il n'y avait pas d'industrie, car les matières premières manquaient. Les habitants portaient pour tout habillement de vastes chapeaux et des ceintures d'herbe. La pêche et l'agriculture, telles étaient leurs principales occupations. Les mariages ne se faisaient qu'avec la permission d'Adams, et lorsque l'homme avait défriché et planté un terrain assez vaste pour subvenir à l'entretien de sa future famille.

Le commandant Staines, après avoir recueilli les documents les plus curieux sur cette île, perdue dans les parages les moins fréquentés du Pacifique, reprit la mer et revint en Europe.

Depuis cette époque, le vénérable John Adams a terminé sa carrière si accidentée. Il est mort en 1829, et a été remplacé par le révérend George Nobbs, qui remplit encore dans l'île les fonctions de pasteur, de médecin et de maître d'école.

En 1853, les descendants des révoltés de la *Bounty* étaient au nombre de cent soixante-dix individus. Depuis lors, la population ne fit que s'accroître, et devint si nombreuse, que, trois ans plus tard, elle dut s'établir en grande partie sur l'île Norfolk, qui avait jusqu'alors servi de station pour les convicts. Mais une partie des émigrés regrettaient Pitcairn, bien que Norfolk fût quatre fois plus grande, que son sol fût remarquable par sa richesse, et que les conditions de l'existence y fussent bien plus faciles. Au bout de deux ans de séjour, plusieurs familles retournèrent à Pitcairn, où elles continuent à prospérer.

Tel fut donc le dénouement d'une aventure qui avait commencé d'une façon si tragique. Au début, des révoltés, des assassins, des fous, et maintenant, sous l'influence des principes de la morale chrétienne et de l'instruction donnée par un pauvre matelot converti, l'île Pitcairn est devenue la patrie d'une population douce, hospitalière, heureuse, chez laquelle se retrouvent les mœurs patriarcales des premiers âges.